Giovanni Bottesini

Musicista cremasco

CREMA 1979

Questa ripubblicazione è dedicata alla
memoria di

Sergio Lini

E alla generosità della sua famiglia che ha permesso questa
ripubblicazione.

La famiglia Lini ha gentilmente donato i diritti di questo libro a
Stephen Street e al Bottesini Urtext® nel 2021 per sostenere
l'obiettivo del Bottesini Urtext di promuovere la ricerca sulla vita
di Giovanni Bottesini e la ricca storia di Crema.

Stephen desidera ringraziare personalmente Patrizia Lini e Franco
Bianchessi per aver reso possibile tutto questo.

Sergio Lini, giornalista, ha svolto un' intensa attività giornalistica collaborando al Corriere della Sera ed ad alcuni quotidiani locali, settimanali e riviste scientifiche ed ambientali.Alla città di Crema, al suo territorio, alle sue istituzioni, alla sua storia ha dedicato varie pubblicazioni.

Elenco delle sue pubblicazioni:

Giovanni Bottesini: musicista cremasco, 1979, Crema, Leva Arti Grafiche;

I° Rassegna sull'evoluzione della RADIO, 1980, Crema, Leva Arti Grafiche;

Il governo di Crema: gli amministratori pubblici dal 1945 al 1991,1991, Crema, Primapagina;

"Dalla ""Domus Dei"" all'Azienda Ospedaliera", 1998, Crema, Leva Arti Grafiche;

Tre grandi musicisti cremaschi – Pavesi-Bottesini-Petrali, 1998, Crema, Argoni;

"Cento anni di scuola serale a Crema, 1899-1999", 1999, Crema, Leva Arti Grafiche;

"Chieve: la sua storia, la sua gente", 2003, Chieve, Leva Arti Grafiche;

Il Monte di Pietà di Crema (1496-1988), 2004, Crema, Leva Arti Grafiche;

Note sparse sull'agricoltura cremasca fra '800 e '900, 2006, Crema, Leva Arti Grafiche;

"Le antiche strade di Crema - Le origini, le vicende, i personaggi, le curiosità", 2006, Crema, Leva Arti Grafiche;

Capergnanica e Passarera - storia di due comunità, 2007, Capergnanica, GRAFIN;

Brogliaccio cremasco, 2008, Crema, Leva Arti Grafiche;

Dieci secoli di beneficienza in Crema, 2008, Crema, Leva Arti Grafiche;

2° Brogliaccio Cremasco, 2010, Crema, Leva Arti Grafiche;

Enti agricoli in provincia di Cremona tra '800 e '900, 2010, Crema, Leva Arti Grafiche;

"Crema città piccola - Quaderni del Circolo ""Il Ridottino"" -Crema/1", Crema, Trezzi;

"Crema città piccola - Quaderni del Circolo ""Il Ridottino"" -Crema/2", Crema, Trezzi.

Presentazione

La presente, brevissima biografia di Giovanni Bottesini, musicista cremasco fra i più apprezzati, vuole essere soltanto un modesto contributo alla riscoperta dei maggiori musicisti cremaschi dei tempi passati.

Si tratta di una semplice raccolta di dati e notizie che offriamo al pubblico ed agli studiosi con l'auspicio di poter così contribuire non solo alla migliore conoscenza dei nostri valenti musicisti ma anche all'eventuale ed auspicabile approfondimento critico-storico del loro contributo all'evoluzione ed al miglioramento del gusto musicale italiano.

L'iniziativa è stata assunta in concomitanza con la esecuzione a Crema della celebre e bellissima « Messa da Requiem » del Bottesini, voluta dal dr. Bruno MANENTI che ancora una volta ha voluto testimoniare non soltanto la sua competenza in materia ma anche il suo personale attaccamento alle migliori tradizioni del cremasco.

Per la realizzazione, da parte dell'orchestra e del coro della Rai di Milano, di questa « Messa da Requiem » con il dr. Manenti hanno collaborato il prof. Giacomo Cabrini, Angelo Dossena, operatore culturale e Gregorio Sangiovanni, assessore alla Cultura del Comune di Crema.

Premessa

Per una miglior comprensione di quanto scritto nelle pagine che seguono si è ritenuto interessante riportare in apertura, un brevissimo ma succoso saggio redatto dall'avv. Antonio Carniti nel 1921 in concomitanza con la ricorrenza del primo centenario della morte di Giovanni Bottesini.

Il breve saggio che segue è stato desunto dalla pubblicazione « In memoria di Giovanni Bottesini — a cura del comitato delle onoranze centenarie » edito a Crema il 22 dicembre 1921 e conservato presso la Biblioteca comunale di Crema (v. Misc. CR. 13 - 1646 - A).

Si tratta di una panoramica felice ed arguta del mondo cremasco all'epoca del manifestarsi e del fiorire di tutta una schiera di valenti musicisti cremaschi, nati e coltivati, se così è lecito dire, grazie all'impegno di un povero ma intelligente sacerdote, valente scopritore di talenti, e alle non infrequenti sovvenzioni che nobili e ricchi dell'epoca assicuravano.

Nel saggio che segue, inoltre, l'A. disegna la giusta collocazione della famiglia dei Bottesini, una famiglia di musicisti.

La vita musicale cremasca
dallo svolto del XIX secolo al principio del XX
e la famiglia Bottesini

La pulita ed aristocratica città di Crema merita di essere ricordata non solo per il tragico episodio dei suoi ostaggi all'assedio di Barbarossa — episodio che il Previati ha riprodotto in una grandiosa e suggestiva tela — ma anche per la speciale attitudine dei suoi cittadini alla musica, tanto da vantare insigni maestri ed un passato veramente glorioso.

Fatta eccezione per un brevissimo periodo di occupazione straniera, Crema rimase per ben quattro secoli, e cioè sino al 1797 (27 marzo) sotto le ali del Leone di S. Marco, godendo, quale città di confine, speciali privilegi che la Repubblica Veneta le aveva accordato.

Durante questo periodo di tempo può dirsi che le usanze, le abitudini e i costumi di Crema fossero un riflesso della vita veneziana, esercitando Venezia la propria influenza oltre che per i rapporti politici, esistenti fra sovrana e suddita anche per l'opera personale dei Podestà, e dei Vescovi che appartenevano quasi sempre o al patriziato o alla nobiltà. La nobiltà cremasca viveva una vita spensierata, senza misura nello spendere, fra i divertimenti, le funzioni religiose, il cicisbeismo ed il giuoco: gelosissima dei suoi privilegi era ossequiente ai Podestà ed al governo, lusingandosi di ottenere qualche diploma con cui fregiare il proprio blasone. Il clero e le corporazioni religiose, godendo pingui prebende e lauti benefici, erano numerosissime e largheggiavano in continue e suntuose funzioni religiose. Il popolo poi, per sua natura acuto e vivace, era amantissimo dei pubblici divertimenti, ossequiava il clero per tradizionale reverenza e si inchinava ai nobili sperandone protezione e sussidi.

Date queste condizioni di ambiente è naturale che la musica — la quale in Venezia coi suoi celebri conservatori, colle celebri sue cappelle, coi numerosi suoi teatri che rompendo le sue aristocratiche tradizioni essa aveva resi accessibili ad ogni sorta di pubblico, aveva suscitato la generale ammirazione — si sviluppasse anche in Crema e vi prendesse tali e così salde radici da diventare uno dei principali fattori della vita cittadina. Non vi era funzione religiosa in Crema e nel contado, non vi era pubblico divertimento, non vi era spettacolo al quale la musica non avesse parte principale.

Nè va dimenticata la tradizionale stagione autunnale della Fiera in cui Crema si trasformava in un luogo di delizie, tanti erano gli svaghi e i divertimenti che vi si succedevano e straordinario il concorso dei forestieri. Il Conte Sforza Benvenuti nella dispensa III a pag. 121 della sua storia di Crema, riassume colle seguenti parole questa eccezionale stagione:

« Durante i giorni di fiera cantavansi in Duomo all'altare della Ma-
« donna le Litanie o la Salve Regina da eletta schiera di musicanti, le
« soavi melodie incominciavano all'imbrunire affinchè ne potessero godere
i reduci della fiera. Abbellivano il tempio suntuosi apparati, gran copia
« di ceri lo rischiaravano: le donne vi intervenivano con abiti pomposis-
« simi, senza velo, servite dai loro cavalieri e con un continuo e forte cica-
« leccio, con sfacciata irriverenza al luogo sacro, che in quelle sere, al dire
« del Racchetti, sembrava convertito in una gran sala da ballo. Terminate
« le Litanie si passava dalla Chiesa al Teatro, ove la magnificenza dello
« spettacolo rapiva d'ammirazione i forestieri, e l'orecchio deliziavano
« soavissime voci di musici e di celebri artisti. La piccola Crema ambiva
« che il suo teatro in tempo di fiera gareggiasse coi principali d'Italia, e
« quindi si chiamavano da lontani paesi, i cantanti di maggior grido.

« Finito lo spettacolo schiudevasi il ridotto del Teatro, dove moltis-
« simi, dopo di aver gustate le soavissime melodie della musica, entravano
« a sperimentare le febbrili commozioni dei giuochi d'azzardo ».

Nel 1814 Crema passò sotto il dominio austriaco e vi rimase sino al 1859 e poscia, per il nuovo assetto amministrativo del Regno d'Italia divenne una semplice città di circondario perdendo così della sua importanza e ricchezza.

Il lungo periodo di pace che si svolse sotto il dominio austriaco fu per la musica uno dei più fecondi. Pare quasi che in quest'epoca si raccogliessero i frutti dei tempi precorsi, ed è perciò che vediamo a reggere le sorti tanto del Teatro che della Cappella del Duomo egregi maestri quali il Novodini, il Fezia, il Cazzaniga, il Pavesi, Benzi e Petrali. È in questo periodo che vediamo sorgere numerose famiglie di musici che, oltre a ritrarne dall'esercizio dell'arte musicale i mezzi necessari al loro sostentamento, si dedicano con animo generoso a diffondere nel pubblico il vero culto di quest'arte.

Ed è proprio in questo periodo che vediamo distinte famiglie patrizie, quali i Conti Porta Puglia, i Conti Marazzi, i Marchesi Zurla, il Nobile Ferrante Terni ed il Nobile G. B. Monza, gareggiare per avere nei loro convitti e nei loro ritrovi i più valenti musici della città onde così rallegrare, colle loro geniali persone e con buona musica, le loro riunioni, — ed è pure in questo periodo che vediamo la famiglia Bottesini imparentarsi colla famiglia Petrali e sorgere buoni professori quali lo Stramezzi, i Santelli, i Corbellini, i Rampazzini, i Cerioli, gli Inzoli, i Meletti e i Truffi che uniti ai migliori dilettanti, rendono le loro case vere palestre di buona ed eletta musica.

Prima però di chiudere questo preambolo, credo atto doveroso ricordare un distintissimo maestro che ebbe tanta parte nello sviluppo e nella formazione dei musici sopra indicati: intendo parlare del tanto buono quanto valente Sacerdote Carlo Cogliati, che fu l'amoroso maestro, consigliere ed amico del Giovanni Bottesini, riportando ciò che del Cogliati scrisse il Conte Paolo Marazzi nell'Almanacco Cremasco compilato dal prof. Giovanni Solera pel 1850:

« Il Marchese Luigi Zurla faceva invito di venire a Crema ed offriva « in sua casa liberale ospitalità ad un prete nato in Castelleone, terra del « Ducato di Milano, nell'anno 1756, da onesti parenti, e che godeva fama « di buon maestro di musica. Il prete era CARLO COGLIATI, giovane di « 24 anni.

« La città nostra aveva buoni compositori di musica sacra. Le mae- « stose Litanie che in Roma tuttora si cantano alla Regina degli Angeli « sotto l'ampia vôlta della Chiesa del Carmelo, sono di Fezia, Della Fratta « e Nevodino i quali posero in musica Messe ed Inni che il popolo con « con rara facilità apprende e canta nel sacro coro. Ma chi avesse udito « quella musica suonare, prima che il Cogliati venisse in Crema, oh! « Dio, strimpellamenti e non altro. Lo stridulo violino, l'assordante cor- « netta facevan versi da cani e da gatti, e, poveri orecchi, era cosa da far « scricchiare i denti.

« Giunto in Crema il Cogliati, si pose all'opera per rimediare a tanto « male, ed eletto primo violino della Cappella del Duomo, e direttore « d'orchestra nell'Accademia musicale, in breve tempo istruì giovinetti nei « vari istrumenti musicali in cui mostravano maggior capacità, ed il male « cangiò interamente in bene.

« La nostra orchestra divenne il decoro della nostra chiesa, la delizia

« del nostro teatro: la vicina Bergamasca e la Bresciana andavano a gara
« per decorarne ogni loro sacra cerimonia, e la Marì accompagnata dal
« violinista Stramezzi padre, e dal clarino di Bottesini, trovò anche sulla
« scena cremasca chi assecondava con delicata armonia la sua voce ap-
« passionata.

« Furono poi tali e tanti gli allievi educati dal Cogliati che non es-
« sendo la piccola Crema sufficiente a contenerli, molti si recarono desi-
« derati e celebri in lontani paesi. Leani fu primo contrabbasso in Trieste,
« e Giovanni Bottesini col colossale violone riscuote applausi all'Havana
« ed in Inghilterra.

« Nè pertanto il Cogliati montava in superbia, ma con la naturale sua
« bonomia procurava sempre più rintracciare negli umili casolari giovanetti
« che mostrassero attitudini alla musica, e gli istruiva gratuitamente.

« Aveva fina perspicacia per indovinare e conoscere la capacità ed
« intelligenza dei suoi allievi, e vecchio, mentre insegnava a Giovanni
« Bottesini i primi elementi musicali, e gli poneva nelle giovanili mani il
« violino, andava ripetendo: non ho mai avuto scolaro di questi più intel-
« ligente, e non errò. Emulo di Dragonetti, Bottesini sparge di sè chiara
« fama ammansando il feroce contrabbasso e costringendolo ad emettere
« voci soavi come d'un liuto. È simile a Morok che padroneggia la jena
« sino a farsi lambire la mano.

« Divenuto paralitico, il Nestore dei nostri suonatori con difficoltà
« eseguiva sul violino i pezzi dei concerti di Fiorello e di Creuser. Il fan-
« ciullo Bottesini all'intoppo con infantile ingenuità gli gridava: coraggio,
« coraggio, maestro; e questo gongolava dalla gioia, pronosticando al gio-
« vinetto bella e fortunata carriera, coi guadagni della quale doveva un
« giorno provvedere anche ai vecchi di lui genitori.

« Estinta la famiglia dei Marchesi Zurla suoi benefattori, l'ultimo
« superstite marchese Silvio legava al Cogliati cinque franchi al giorno,
« vita sua natural durante, e questi si ricoverava presso i prediletti suoi
« Bottesini, ed in loro casa fu raggiunto dalla morte a dì 23 luglio 1833,
« vecchio di 87 anni, dopo avere sofferta per due anni con cristiana rasse-
« gnazione dolorosa malattia. Generale e sincero fu il dolore per la per-
« dita di un uomo che aveva fatto tanto bene a molti, male a nessuno.

« Ebbe esequie condegne, procurateglí dal suo Pietro Bottesini, poi-
« chè nella sua cassa non si rinvennero danari. La funebre cerimonia fu
« per onore seguita da quell'orchestra ch'era creazione del defunto, ed il
« bergamasco violinista Rovelli la dirigeva.

« Fu sepolto nel cimitero di Crema, ove indarno cerchi pietra o pa-
« rola che del benemerito tramandi la memoria.

« Firmato: Paolo Marazzi »

Si è voluto ricordare il sopra esposto per dimostrare che non sono le sole condizioni di ambiente che possono determinare il risorgere di vecchie gloriose tradizioni musicali, ma per dimostrare altresì che queste condizioni d'ambiente per dare frutti d'ordine elevato e superiore debbono essere ben dirette da persone eminenti, non per lustro di diplomi o per una stucchevole presunzione di sterile superiorità, ma per sapere profondo, col quale, congiunto a ragionevole tolleranza e bontà d'animo sanno imporsi ai mediocri e trascinare con sè i migliori.

La famiglia Bottesini sopra ricordata, era numerosa ed agiata per essa il culto della musica era qualche cosa di sacro ed inviolabile.

Tutti i suoi membri si distinguevano o come maestri, o come professori, o quali dilettanti.

Eccone l'albero genealogico.

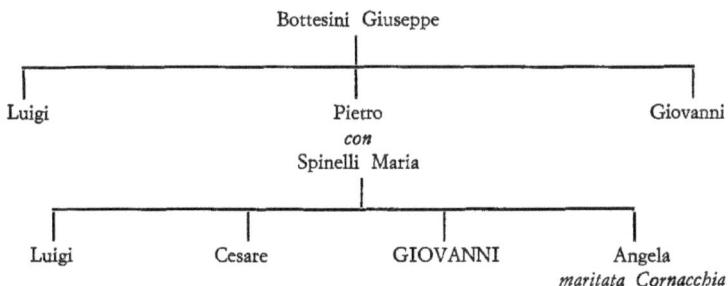

Bottesini Giuseppe

Luigi — Pietro *con* Spinelli Maria — Giovanni

Luigi — Cesare — GIOVANNI — Angela *maritata Cornacchia*

Bottesini Luigi *fu Giuseppe era commerciante in stoffe e valente suonatore di violino.*

Bottesini Pietro *concertista di clarino, suonatore di violino, maestro e compositore di musica. Fu sempre primo clarino nella cappella del Duomo e nel Teatro Sociale, e lasciò numerosi pezzi di musica, sinfonie e ballabili gustosissimi.*

Spinelli Maria *sorella della madre del celebre Antonio - Vincenzo Petrali.*

Bottesini Luigi *fu Pietro, fu ottimo suonatore di tromba e compositore: visse quasi sempre a Torino.*

Bottesini Cesare *fu espertissimo violinista e compositore: visse e morì a Cividale del Friuli. Ebbe numerosa figliolanza, e i suoi figli furono gli eredi di Giovanni Bottesini.*

Bottesini Angela *fu esimia cantante e si presentò sul Teatro Sociale di Crema nel Rigoletto, destando entusiasmo nella parte di Gilda.*

BOTTESINI GIOVANNI, *di cui ci occupiamo, sposò in prime nozze una Valcarenghi di buona famiglia cremasca, e in seconde nozze la figlia d'un Duca spagnolo: una bellissima donna molto colta, conosciuta col nome di Claudina che visse quasi sempre a Napoli o al Cairo. Da questi due matrimoni Giovanni Bottesini non ebbe figliuoli.*

Il padre Pietro Bottesini abitò per molti anni colla sua famiglia in casa Rosaglio in via Carera, (viale al Teatro) ed in uno spazioso salone unito alla abitazione, si eseguivano concerti, si facevano le prove, vi affluivano amici e dilettanti e si concretarono tutte le manifestazioni musicali da eseguirsi in Crema.

Ma se eccezionale era l'entusiasmo di questa famiglia per la musica, essa si distingueva poi in modo speciale per la genialità delle persone che la componevano e per la loro grande generosità d'animo, esse non conoscevano quelle puerili scontrosità che sorgono tanto facilmente per antagonismi fra maestri ed artisti.

GIOVANNI BOTTESINI

(Crema 22-12-1821 - Parma 7-7-1889)

Giovanni Bottesini, senza dubbio uno dei più illustri e rinomati musicisti fra quanti hanno onorato la nostra terra, ebbe, come del resto tutti gli artisti, una vita movimentata, non soltanto per quell'innarrestabile gusto e desiderio di muoversi continuamente alla ricerca di nuove ispirazioni, di nuove esperienze, ma anche per l'alternarsi di situazioni economiche spesso disastrate e per il precoce manifestarsi di una malattia al fegato che lo doveva poi portare alla tomba a 68 anni, quando la sua fertile capacità avrebbe potuto ancora « produrre » elevate manifestazioni d'arte.

* * *

Giovanni Bottesini nacque a Crema il 22 dicembre 1821 (la data è oramai storicamente accertata, anche se in passato più di uno storico accreditò una data diversa, taluno addirittura spostandola di ben 12 anni!) da Pietro, distinto ed apprezzato maestro di clarinetto e da Maria Spinelli. Avendo subito manifestato grande inclinazione verso la musica, i genitori con entusiasmo ne assecondarono la propensione, mandandolo ancora giovanissimo a studiare musica e strumenti musicali da uno zio sacerdote, il maestro Cogliati.

15

Il violino fu il suo primo strumento e, secondo quanto riferiscono alcuni giornali dell'epoca[1] già a sette anni ebbe la possibilità di esibirsi in un « a solo » al Teatro di Crema, facendo così la sua prima comparsa in pubblico e meritandosi subito gli applausi convinti dei presenti. E nei successivi anni — quelli che dividono dal debutto fino al compimento del 14° anno — ebbe modo di esibirsi in diverse occasioni, sia presso il teatro di Crema sia presso altri teatri delle vicine città di Brescia e di Bergamo.

La circostanza di questa precoce attività del B. come orchestrale pare acquisita da alcune indicazioni desumibili dai libretti delle opere eseguite, sui cui frontespizi venivano appunto riportati anche i nomi dei suonatori.

Ma mentre intensa continua sotto la guida dello zio prete la sua preparazione musicale sul violino, nello stesso tempo, da solo, senza alcun insegnante, dedica anche la sua attenzione ad altri strumenti musicali come il cembalo, il violoncello ed il contrabasso. E sarà, negli anni successivi, proprio questa sua dimestichezza anche con questi strumenti(il contrabasso in particolare) a segnare alcune tappe significative del suo successo.

Al Conservatorio

A soli 14 anni, nel novembre del 1835, il B. entra al Conservatorio musicale di Milano, dove erano disponibili due soli posti: uno per fagotto e l'altro per contrabasso. Il giovane cremasco scelse quest'ultimo, adducendo l'appartenenza dello stesso alla famiglia degli strumenti a code, di cui conosceva appunto il violino.

Al momento di superare l'esame preliminare per l'ammissione al Conservatorio, secondo quanto raccontano alcuni storici, si ebbe un singolare episodio.

Presentatosi alla commissione presieduta dal noto professore di contrabasso Luigi Rossi, il Bottesini si vide presentare alcune battute scritte al momento da uno dei membri della commissione. Si accinse ad eseguirle, ma con la sua sensibilità s'accorse di

---

[1] Cfr.: « The illustrated London News » del 29 novembre 1851.

parecchie stonature. Ebbe la forza di interrompersi e rivolgendosi ai suoi esaminatori avvertì: « sento, o signori, di stonare, ma quando saprò dove porre le dita, allora non stonerò più »[2]. Vero che sia questo aneddoto o meno, resta il fatto che presto il Bottesini imparò « dove porre le dita » sul mastodontico strumento.

Durante la sua permanenza al Conservatorio ebbe la fortuna di avere come maestri il già citato Luigi Rossi per il contrabbasso, e celebrati musicisti come Piantanida, Ray, Basily e Vaccai per la composizione.

Ma senza dubbio colui che maggiormente ha inciso sulla formazione musicale e sulle capacità di esecutore del B. fu il maestro Rossi che viene spesso ricordato con grande ammirazione dal giovane allievo cremasco. E le precoci doti del Bottesini, il suo anticipato maturarsi determinano la sua anticipata uscita dal conservatorio, soltanto dopo tre soli anni di permanenza, avendo già raggiunto, a giudizio degli stessi docenti, una elevatissima perfezione artistica.

In giro per il mondo

Da quel momento non solo la personalità musicale del Bottesini, ma anche la sua pur precoce maturità intellettuale, riceve una spinta diversa e determina in lui la esigenza di conquistare nuovi spazi, nuovi ambienti più vasti, per farsi conoscere come contrabbassista, mentre affiora sempre più imperiosa la sua aspirazione alla composizione, per la quale da tempo nutre ed alimenta in se stesso una grande attrattiva. Così inizia il suo pellegrinare attraverso l'Italia, alla ricerca appunto di nuovi spazi, di nuove esperienze. E nelle varie città d'Italia in cui soggiorna si esibisce suonando, non mancando di scrivere sinfonie o di improvvisare romanze. È un inizio di carriera — come concertista ma anche come compositore — che non sempre conosce soltanto momenti di gloria ma spesso anzi registra difficoltà ine-

---

[2] Cfr.: « In memoria di Giovanni Bottesini » di A. Carniti - 1921 - Biblioteca comunale di Crema.

vitabili, legate alla forse eccessiva sensibilità dell'uomo che ne determina anche improvvisi mutamenti d'umore destinati a ripercuotersi sulla sua produzione.

Dall'Italia si trasferisce in Germania, poi a Vienna. E qui, dopo aver suonato ed ancora una volta deliziato gli ascoltatori, viene colto dai primi sintomi di una malattia (destinata a durare in pratica tutta la vita) che lo costringe a rientrare a Crema presso i familiari e a sospendere per qualche tempo la sua attività.

Nel 1847, ristabilitosi anche se non completamente, viene scritturato per l'America: prima di partire accetta di dare un bellissimo concerto al Teatro Comunale di Crema.

All'Avana, per tre anni consecutivi, Bottesini mantiene l'incarico di direttore dell'Opera Italiana, avendo come componenti della compagnia stessa la Stefanoni, Salvi e Marini. La sua esperienza risulta esaltante ed i giudizi che di lui esprimono tutti gli artisti italiani che di volta in volta lo hanno come direttore d'orchestra risultano lusinghieri.

La fama del Bottesini come ottimo suonatore e come bravissimo direttore d'orchestra si sparge presto in America e riecheggia negli ambienti musicali delle principali città. Così nel 1849 nasce l'invito alla grande occasione: l'esibizione al Convent-Garden di Londra.

Questo avviene il mattino del 30 maggio 1849, nel contesto dell'Accademia annuale del signor Anderson. Ed è stata senza dubbio una esibizione senza precedenti. Attorno alla quale, senza ripetere frasi da riprendersi per altre manifestazioni, ci pare giusto riportare quanto scritto, due anni dopo, su un giornale londinese [3] e tradotto dal conte Fausto Sanseverino e successivamente ripreso da Don Solera nel suo Almanacco per il 1853.

I primi successi internazionali

Scrive dunque il giornale londinese: « ... non dimenticheremo la sensazione prodotta all'apparire di quel suonatore. Nella seconda parte del programma un giovane pallido che le signore

---

[3] Cfr. il già citato « The Illustrated London News ».

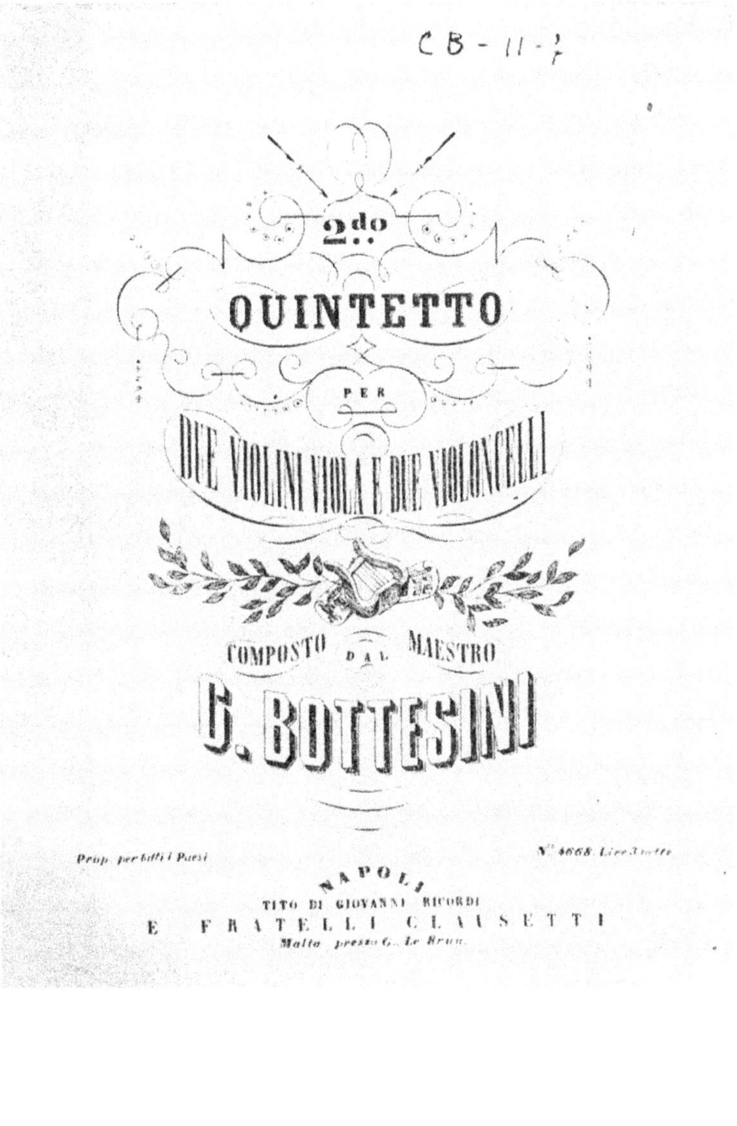

Frontespizio di una composizione del Bottesini.

trovarono e trovano tuttora assai interessante, si fece avanti per
eseguire sul contrabbasso il "Carnevale di Venezia" di Paganini.
Sarebbe impossibile descrivere l'entusiasmo degli uditori. Costoro
e tutta la sua orchestra si unirono di tutto cuore al sorprendente trionfo del giovane suonatore; la Grisi, la Persinai, la
Duros-Gras, la Hayes, la Angri, la Corbari, la De Marie con
Mario, Sims, Reeves, Tamburini ecc. furono veduti dai palchetti
e al suo fianco applaudire furentemente alla italiana meraviglia.
(...) Nella presente stagione egli (Bottesini) raggiunse l'apice
della popolarità. Julien ebbe la buona sorte di impegnarlo per
una serie di accademie al Teatro Druwy-lane, e Bottesini eseguì
ogni sera la sua musica meravigliosa innanzi ad una immensa
folla di uditori, il cui entusiasmo va ogni dì più aumentando.
Il suo modo di suonare ed il suo stile hanno un'impronta tutta
propria; egli dà al suo contrabbasso con una inesprimibile dol-
cezza l'espressione del sospiro, come fosse il liuto di una amante,
mentre niuno lo sorpassa per forza, per delicatezza e precisione
nei passaggi. La sua esecuzione è gradevole quanto sorprendente,
meravigliosa quanto graziosa, armoniosa quanto melodiosa; è
così perfetta che produce i più squisiti suoni con irreprensibile
giustezza d'intonazione. Il modo con cui egli esprime sul suo
strumento il canto del tenore nell'aria della Sonnambula e il
Carnevale di Paganini è assolutamente ammirabile e incompren-
sibile ».

E ci pare giusto, proprio per dare la migliore idea dei suc-
cessi conseguiti dal B. in America, citare altra testimonianza
desunta dalla « Gazzetta Musicale di Milano » del 23 dicembre 1847:

« L'impresario del Teatro d'Avana, dovunque si trova,
quando vuole fare un introito veramente pingue, non ha che da
annunciare un concerto o un intermezzo d'opera di Bottesini per
avere il Teatro o il salone come per incanto zeppo di spettatori,
di cui ciascuno lascia più colonnati alla porta... L'impresa fa
marciare più di tutti il Bottesini e l'Arditi, i quali non possono
mai avere un minuto di riposo e debbono correre da una città
all'altra e vedere sempre per loro opera ingrossarsi le tasche del
fortunato impresario... Leggiamo tra l'altro in un giornale fran-
cese... il talento di Bottesini, lo diciamo con piena convinzione,

è chiamato a far epoca nella storia dell'arte. Infatti è forse più meraviglioso di quello di Paganini, avuto riguardo alle difficoltà relative di ciascun istrumento.

« Per comprendere fino in fondo a qual punto Bottesini superò queste difficoltà, bisogna osservarlo percorrere la mostruosa manicatura che egli stringe con un poderoso tatto, è uopo vedere gli azzardosi salti del suo arco, della sua mano sopra le corde tese, i trilli che eseguiscono le sue dita hanno a un tratto l'arrendevolezza e la forza dell'acciaio. E l'uomo che opera simili prodigi è giovane ed ha quasi l'aria di ragazzo! Avvi un toccante contrasto fra questa maturità del genio e questa giovinezza del corpo ».

Ma di quell'epoca, all'incirca, è anche l'eco di un concerto dato a Londra nel 1856 dagli italiani Bazzini, Arditi, Piatti e Bottesini, con il recupero di alcuni quartetti per arco scritti da Donizetti quando ancora non aveva 18 anni e suonati per la prima volta in tale occasione: Bottesini usò un arco difforme da quello tradizionale noto con il nome di « Dragonetti », preferendone uno più diritto, che permette quindi maggior lunghezza ed assomiglia a quello di cui si servono i suonatori di violoncello. Si tratta di uno strumento che permette una maggior continuità di suoni e che consente di eseguire quelle strappate a note doppie che sono possibili su questo mastodontico strumento.

Il contrabbasso e l'arco

Se è vero, come è vero, che nell'età matura Bottesini si impose come direttore e compositore, è giusto ricordare come negli anni giovanili ebbe, egli, il successo e la fama proprio come esecutore di musiche altrui sul contrabbasso. Ebbe il culto di questo strumento e ne modificò l'impostazione e l'uso, dopo tutta una serie di esperienze e di studi. Usò sempre il contrabbasso armato di tre corde, alla maniera classica, rifiutando quello a quattro allora molto in uso specie all'estero. E nel suo « Metodo per contrabbasso » spiega acutamente la sua preferenza chiarendo come il contrabbasso a tre corde si distingua per facilità e sicurezza nella digitazione e per la rotondità e purezza dei suoni, mentre quello a quattro, avendo il vantaggio di scendere una

Bottesini e il suo celebre contrabasso.

terza più in basso, di contro perde di robustezza e di limpida sonorità.

Altro strumento da Bottesini molto usato fu l'arco, anche qui con una scelta derivata da esperienze e ricerche personali, anche in questa occasione andando praticamente contro-corrente, giacchè all'epoca era in uso un arco assai corto ed arcuato (detto alla Dragonetti dal nome di un illustre professore) ed un secondo più diritto, con una lunghezza variante dai 55 centimetri ai 70. Bottesini ha sempre usato questo secondo arco perchè a suo giudizio permetteva una maggior continuità di suoni e facilitava quelle «strappate» a note doppie possibili appunto su questo strumento.

Nel corso dei suoi frequenti viaggi, Bottesini eseguì numerosissimi concerti in quartetti e quintetti assieme ai migliori concertisti del mondo che via via incontrava. E sempre raccoglieva un personale successo, tale far delirare non appena il pubblico, ma gli stessi suoi compagni di esecuzione.

Antonio Carniti, nella sua Memoria di Bottesini riproduce un articolo apparso sul giornale «La perseveranza» di Milano del 22 giugno 1860, scritto da un valente critico quale fu Filippo Filippi. L'articolo è una sorta di reportage e di saggio critico insieme e ci pare interessante riprodurne alcune parti significative:

«Non era la prima volta che Sivori e Bottesini meravigliavano il pubblico colla gara e l'unione di quei due istrumenti che vederli sembrano inconciliabili: anche recentemente fecero in Inghilterra una scorreria artistica viaggiando e suonando da Edimburgo a Dublino con somma soddisfazione dei flemmatici buongustai del Regno Unito che ascoltavano la bella musica come un sermone di un ministro evangelico...

«Bottesini, quando comparve il primo sulla scena, abbracciato all'immane contrabbasso, fu accolto da un saluto che esprimeva la ricordanza nel pubblico dei passati trionfi; suonò una commovente, elegantissima fantasia sulla Sonnambula di Bellini e la soave appassionata semplicità di quei canti ritrasse con una espressione così notevolmente giusta, da confondere il suono delle spaziose corde col canto più tenero ed appassionato che possa emettere una voce insinuante. Quando il pubblico fragorosamente domandò la replica, il cortese suonatore rispose col Carnevale di Venezia in cui non so se sia più ammirabile la prodigiosa vertigine della esecuzione o la grazia e la originalità delle bellissime variazioni di genere burlesco.

« E tutte queste flebili delicatezze, questi disegni a fine cesello, queste voci che paiono d'angeli e di vergini fanciulle, escono dal cupo e vasto seno di uno strumento che a volte ai gemiti lamentevoli unisce formidabili ruggiti e suoni profondi, agitati e tempestosi; sotto la pressione intelligente di quelle dita fatate, l'istrumento obbedisce con una giustezza ed una spontaneità che è forse il pregio più singolare del Bottesini, il quale ha una intonazione perfetta, aerea, che delizia dolcemente l'orecchio, purtroppo abituato alle perpetue oscillazioni dei suoni. Le acclamazioni raddoppiarono quando i due suonarono insieme il duetto per violino e contrabasso: il Bottesini non è solamente un acrobata musicale che camminando con le dita sulle corde sterminate, cava deliziose armonie e singolari difficoltà; egli è uno dei più valenti compositori di cui si possa vantare oggi l'Italia così ricca di eroi e così povera di maestri. Bottesini ha una organizzazione musicale straordinaria, un ingegno forte, una ispirazione elevata.

« ... la critica potrebbe dire che Bottesini intende l'arte costantemente e colla semplicità, colla purezza, colla intimità del sentimento desta quelle emozioni che accarezzano l'udito e serenano il cuore... ».

Abbiamo volutamente riportato un ampio stralcio di quella nota scritta da un critico non sospetto nella convinzione che in essa siano dette — in modo perfetto — tutte le cose che si possono dire del Bottesini suonatore di contrabasso.

Un grande direttore

Già abbiamo visto come la molteplice duttilità del suo ingegno e la sua sensibilità oltre che conoscenza dei segreti musicali, abbiano portato il Bottesini ad operare in settori e con compiti diversi, sempre comunque con successo. E quando si avviò verso la non facile carriera di direttore d'orchestra, egli era ben consapevole dei rischi cui andava incontro e tuttavia, con una notevole caperbietà giustificata dalla sua tranquillità, tentò anche questa carriera. Osserva il già citato Carniti: « Allo squisito intuito dell'arte in tutte le sue manifestazioni, egli univa studi musicali vasti e profondi: la perfetta conoscenza di tutti gli strumenti, dei loro particolari effetti, un innato senso di fine osservazione, l'esperienza che si accumula per aver sino da giovinetto vissuto nelle orchestre e nei concerti, raccogliendo così dalla stessa bocca di insigni maestri le loro osservazioni e commenti; egli, circondato dall'aureola del genio, sapeva colla espressione del viso e colla sicurezza della bacchetta trasfondere l'animo suo nei suonatori e farsi da questi amare ed obbedire ».

La carriera di direttore d'orchestra comincia assai presto per il Bottesini se già a 24 anni lo si trova a dirigere spettacoli all'Avana, mentre nel 1847 dirige la sua opera « Cristoforo Colombo » ancora all'Avana e nel 1848 dirige in Inghilterra i concerti — passati alla storia — di Buchingam e di Birmingam.

Nel 1853 dirige l'Opera a Nuova Orleans e riceve nel frattempo l'incarico di organizzare il conservatorio musicale del Messico. Due anni dopo ritorna all'incarico di direttore degli spettacoli operistici all'Avana, nel 1856 è direttore al Teatro Imperiale Italiano di Parigi. Dal 1856 e per diversi anni si alterna con il celebre direttore Berlioz alla direzione dell'orchestra per l'Esposizione Universale di Parigi.

Dal 1866 e fino al 1870 non c'è teatro del mondo che non conosca almeno per una stagione la prestigiosa presenza di questo eccezionale direttore d'orchestra e compositore cremasco che spesso le cronache del tempo definiscono di origine milanese, per una evidente ignoranza della geografia, anche se il Bottesini, nella sua corrispondenza privata, nei suoi incontri ama ricordare la sua piccola città, certo troppo stretta negli orizzonti per lasciare a lui possibilità di affermazione, ma certamente carica di graditi ricordi.

Nel periodo citato le cronache ce lo danno presente a Pietroburgo (qui però come concertista sotto la direzione di Rubinstein) a Parigi, poi in tourné in Francia, Danimarca, Norvegia e Svezia ed infine approda a Londa (1869) dove trova il tempo di scrivere la sua fortunata opera buffa: « Alì Baba ».

La « prima » dell'Aida

Ma l'anno della grossa affermazione internazionale di Bottesini come direttore d'orchestra è senza dubbio il 1871 allorchè ebbe l'incarico, su parere dello stesso Verdi e dell'editore Ricordi, di dirigere la prima rappresentazione dell'opera « Aida » in concomitanza con i festeggiamenti per il taglio dell'ismo di Suez.

La rappresentazione doveva aver luogo nel 1870, ma successivi avvenimenti bellici ne spostarono la sera al 24 dicembre 1871. E, al Cairo, Bottesini si presentò di fronte ad una platea di esponenti politici di tutto il mondo, con la partecipazione dei più rinomati e severi critici musicali, oltre che un pubblico internazionale che (annota Carniti) « si entusiasmò, si esaltò al punto da raggiungere il parossismo ». Le rappresentazioni tennero cartellone per molti mesi.

E alle prime notizie del successo dell'opera, lo stesso Verdi scrive al Bottesini; da Genova dove si trovava in quel momento: « Caro Bottesini, non ti so dire quanto io sia grato del gentile pensiero d'avermi inviato un telegramma dopo la prima recita. È una obbligazione che ho in più con te oltre alle tante altre per le affettuose cure da te prodigate a questa povera Aida. Ed oltre le premure so del talento da te dimostrato nel dirigere le prove e l'esecuzione, cosa di cui non dubitavo punto ». (Lettera del 27 dicembre 1871 conservata in originale nella biblioteca del Conservatorio Musicale di Trieste).

Dopo la grande stagione al Cairo, benchè fossero aumetate le richieste e le sollecitazioni da ogni parte per nuovi concerti, il Bottesini rallentò — pur senza trascurarla anche per ragioni finanziarie — questa sua attività di direttore e di concertista per dedicarsi con maggior disponibilità di tempo ad un'altra sua grande passione: la composizione.

Il compositore

L'attività di compositore, pur avendo, come già si accennava, interessato soprattutto l'ultimo arco della sua carriera e della sua stessa vita, senza dubbio è stata quella che gli ha dato

Introduction et Variations
sur le Carnaval de Venise
de BOTTESINI
pour Contrebasse et Piano

Édition arrangée par Fleschig

Double-bass and Piano
Introduction and Variations on "Carnival in Venice"

•

Kontrabass und Klavier
Introduktion und Variationen über der Karneval von Venedig

•

Contrabasso e Pianoforte
Introduzione e Variazioni sul Carnevale di Venezia

•

Éditions COSTALLAT Paris
ÉDITIONS BILLAUDOT Succr

*Frontespizio della celebre variazione del Bottesini
sul « Carnevale di Venezia ».*

allora maggior fama, e che oggi consente la riscoperta, a distanza di tanti anni, della sua grande capacità.

Ma tentare di riprendere e costruire il molto, moltissimo, che il Bottesini ha scritto e composto (per sè, per gli altri, amici e sconosciuti) è impresa ardua, quasi disperata.

Moltissimo materiale è andato disperso, e a distanza di tempo non è possibile neppure inventariarlo.

Già fu una impresa tentare una sorta di inventario delle composizioni del Bottesini nel lontano 1921 allorchè l'avv. Antonio Carniti ebbe l'incarico di stendere un profilo biografico del nostro Bottesini, tanto che ebbe a scrivere quanto segue a giustificazione della incompletezza delle sue pur accurate ricerche:

« Il compito non è facile essendo stato egli (il Bottesini) alquanto disordinato, a causa della sua vita sempre movimentata, senza una stabile casa propria, vissuta quasi sempre negli alberghi o nelle pensioni: le sue musiche quindi rimasero sparse, abbandonate quasi sempre nelle valigie, così che molte andarono disperse. Egli non aveva un unico editore, al quale consegnasse normalmente i propri originali per la loro pubblicazione, ma spesso questi o venivano pubblicati nella città ove si trovava, o venivano regalati alle persone cui erano stati dedicati, di modo che gli originali delle sue pubblicazioni si trovano dispersi nelle Biblioteche dei Conservatori, presso società orchestrali o presso privati. Ad onta delle fatte pazienti ricerche, non mi fu possibile compilare un elenco sistematico, cronologico delle numerose composizioni del suo fecondo ingegno ».

La osservazione e la conclusione del Carniti resta ancora oggi valida e rimane ugualmente valida la indicazione, per il reperimento dei manoscritti del Bottesini, già allora fatta: il Conservatorio di Parma, soprattutto, anche se qualcosa si trova altrove.

La estrosa capacità del Bottesini-compositore si è sostanziata in differenti (per genere e valore) modi e in svariati settori. Si hanno composizioni esclusivamente per contrabasso e pianoforte, altre per complessi vocali e strumentali, altre ancora per archi o per orchestra. Ed ancora vi sono composizioni di genere sacro, altre esclusivamente sceniche.

Tutte queste composizioni vennero eseguite più volte, mentre il maestro era in vita, non tutte con uguale successo. Ma questa circostanza non è da porre a carico appena dell'Autore, ma anche del pubblico e degli esecutori e impresari, che probabilmente non seppero cogliere lo spirito innovativo e fors'anche neppure la grande carica di sentimenti che stava a monte di ogni composizione. Caso clamoroso è quella « Messa da Requiem » di cui diremo più avanti che, ancora oggi assai apprezzata e con intatta la sua solennità, non trovò adeguata accoglienza neppure nella amata Torino, allorchè venne presentata al « Regio » a chiusura della stagione 1879-1880.

Ecco, per curiosità e come stimolo per qualche musicologo che volesse rileggere e rivalutare l'opera del Bottesini, un incompleto elenco delle composizioni che sono pervenute ai giorni nostri, o almeno di quelle che si conoscono perchè accessibili i posti dove sono conservate.

« *Getsemani o Orto degli Olivi* »: si tratta di un « oratorio » di grande interesse, forse l'opera che meglio qualifica il Bottesini come compositore. È uno spartito che comprende 20 parti, con un complesso di ben 37 pezzi. Citiamo dalla « Gazzetta Musicale » la seguente valutazione del critico Soffredini: « notare la perfezione del lavoro è addirittura inutile, il Bottesini è un contrappuntista ed un armonista di prim'ordine, la sua orchestrazione ha pregi salienti, universalmente riconosciuti. Dal lato ideale, dirò piuttosto che nel suo « Oratorio » ben spesso aleggia una spiccata individualità melodica, italiana per ritmo e per forma, simpatica per carattere »[4]. L'opera venne eseguita con successo a Londra nel 1888 e successivamente in altre città. Non si ha certezza se mai sia stata eseguita anche in Italia.

« *Cristoforo Colombo* », composizione scenica scritta in età giovanile e rappresentata per la prima volta nel 1847 a L'Avana.

« *L'assedio di Firenze* » che è stata scritta e rappresentata a Firenze nel 1857.

---

[4] « Gazzetta Musicale » - Milano - del 26-2-1888 - E' riportata parte di questa nota critica anche nel citato libro del Carniti.

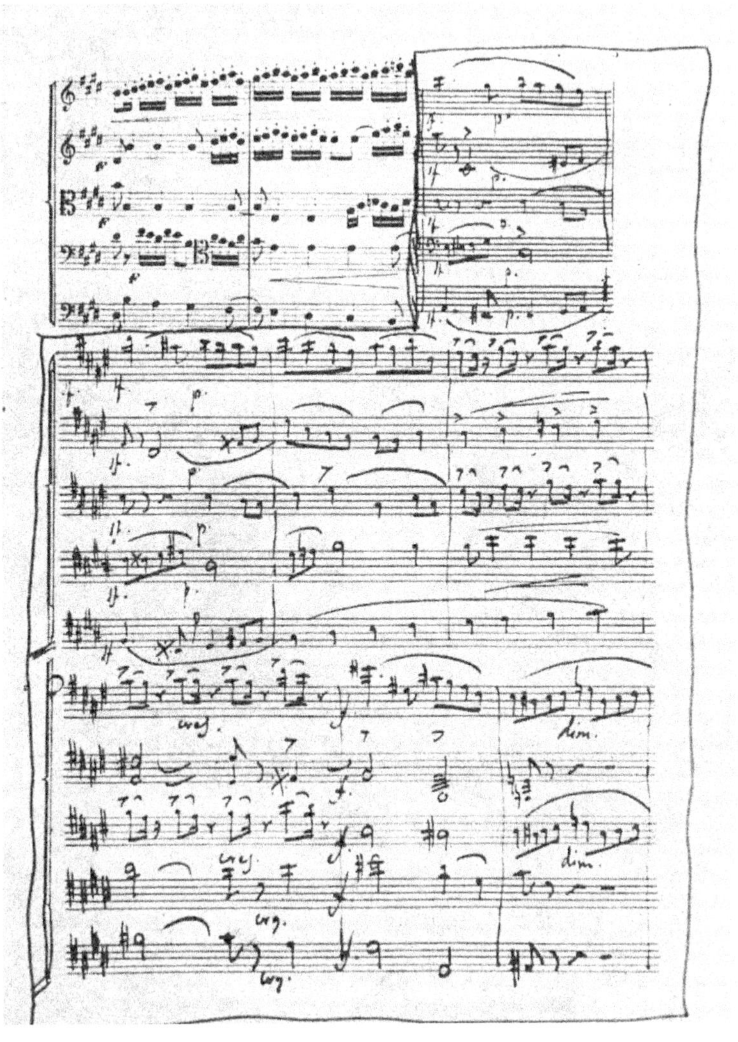

Una partitura del Bottesini con correzione autografa.

« *Il diavolo della notte* » commedia lirica scritta e rappresentata a Milano nel 1858.

« *Marion Delorme* » scritta e rappresentata a Barcellona, su testo di Ghislanzoni, nel 1862.

« *Ali Babà* » opera comica (forse la migliore del genere) rappresentata al Teatro italiano di Londra nel gennaio del 1871.

« *La regina del Nepal* » rappresentata al Teatro Regio di Torino nel 1881, ma senza successo alcuno, anzi ritenuta il momento della peggiore sconfitta per il Bottesini sul piano della composizione.

« *Ero e Leandro* », una tragedia lirica composta su un libretto molto intelligente e fortunato del grande Arrigo Boito. Venne rappresentata al Regio di Torino nel gennaio del 1879 e riscosse grande successo.

Altre composizioni sceniche minori sono « Cedar », « La torre di Babele » e « La figlia dell'Angelo ».

Altre composizioni

Ma nell'arco della sua fortunata carriera di esecutore e di direttore d'orchestra, Bottesini attese spesso e volentieri anche alla stesura di composizioni per strumenti.

Fra quelle che si conoscono, citiamo: « Carnevale di Venezia » e « Tarantella », che ebbero successo immediato e caloroso. Ed ancora « Capriccio » a due contrabbassi con accompagnamento di pianoforte; e « Fantasia » per due contrabassi pianoforti dalle canzonette di Rossini, ed ancora (in collaborazione con Arpesani) « Concerto per due contrabassi con accompagnamento di pianoforte ».

Molto apprezzate a suo tempo (e forse varrebbe la pena di riprenderle) anche le romanze per soprano: « Ci divide l'Ocean », « Che cosa è Dio » e « Che cosa è Satana », quest'ultime due scritte su versi dell'Aleardi. Su parole di Stecchetti invece il Bottesini scrisse « In Camposanto ». Si conoscono ancora tre melodie per violoncello e pianoforte intitolate:

« Riminiscenze dell'opera Marion Delorne », « Melodia » e « Delirio pensiero elegiaco ».

Per archi scrisse un « quartetto in re » premiato più volte, eseguito allora (1862) alla società del quartetto di Firenze. Annota il più volte citato Carniti: « E' un quartetto che nella forma e nello sviluppo dei temi ricorda quelli classici di Haidin e Beethoven e nella vivacità della melodia e dell'invenzione quelli dei classici italiani. E' costituito dai soliti tradizionali quattro tempi: dopo poche battute di un andante largo ed espressivo, segue l'allegro giusto, indi un esilirante scherzo per chiudere con un brillante allegro ».

Il Bottesini scrisse anche un quartetto per due violini, viola e violoncello ed un quintetto per due violini, viola, violoncello e contrabasso intitolato « Un mio ricordo a Mercadante ».

Nella Biblioteca del Conservatorio di Milano esiste un « andante » per soli archi che il Bottesini da Napoli nel 1881 dedicò all'amico Giulio Ricordi, mai pubblicato e neppure eseguito pur se in molti lo ritengono opera valida. La sua esecuzione richiederebbe, come indicato in copertina dallo stesso autore, 12 primi violini, 10 secondi violini, 7 viole, 8 violoncelli e 9 contrabassi. Al conservatorio di Parma (dove gli inediti di Bottesini sono numerosi) vi è anche una « Preghiera » per quartetto.

Numerose anche le composizioni per grandi orchestre, del genere descrittivo, secondo la prevalente corrente dei suoi tempi. In questo filone vanno citate e ricordate: la sinfonia « Graziella » e la « Sinfonia caratteristica », la composizione fantastica « Promenade des Ombres ».

Durante la permanenza in Egitto scrisse due pezzi intitolati « Il Nilo » e « Il Deserto ». Annota Carniti « essi costituiscono due fra le migliori composizioni del Bottesini lasciate. In essa domina l'ordine, la semplicità, la sapiente condotta: la melodia vi è piana, espressiva ed elevata, l'istrumentale perfetto e tutto concorre ad accrescere la loro efficacia ».

Infine citiamo una « Sinfonia in re » scritta da giovanissimo, « Una reviere » per grande orchestra ed una « Marcia funebre » eseguita a Torino nel 1878.

La « Messa da requiem »

In finale a questo tentativo di elencare, senza pretese di completezza e di organicità, le composizioni (o almeno alcune) del Bottesini, vogliamo dedicare quattro righe a quella « Messa da Requiem » che fu tanto cara al Bottesini, sconosciuta ai più e che proprio in quest'anno viene coraggiosamente riproposta, (con il concorso del coro e dell'Orchestra della Rai di Milano, grazie alle intuizioni felici ed al gusto raffinato del cremasco dr. Bruno Manenti) ai concittadini del Bottesini, prima e poi agli appassionati di tutto il mondo.

Questa « Messa » a quattro voci con cori e grande orchestra fu molto cara al Bottesini stesso che probabilmente la riteneva la sua migliore opera. Essa venne prescelta, proprio per il suo valore artistico e musicale, fra i pezzi di autori cremaschi (fra cui: Fezia, Novodini, Cazzaniga, Pavesi e Benzi) inviati da apposito comitato presieduto dal Conte Sforza Benvenuti alla Esposizione Nazionale di Musica che si svolse a Milano nel 1881.

La Messa era stata presentata al Regio di Torino a chiusura della stagione del carnevale del 1879-1880, ma ebbe l'assenso e l'adesione in un pubblico ristretto, seppur entusiasta. L'indifferenza del pubblico torinese — che pure amava il maestro cremasco — verso un'opera nuova che doveva pur fare da richiamo, non è spiegabile e non venne compresa nemmeno allora.

Merita di essere ricordato un singolare episodio legato al manoscritto della « Messa da Requiem »: dopo la chiusura della Esposizione Nazionale di Milano, mentre i manoscritti degli altri musicisti cremaschi vennero puntualmente restituiti, di quello del Bottesini si persero le tracce per diversi mesi, creando un senso di disperazione nello stesso compositore, che per questa negligenza protestò ripetutamente sia con gli organizzatori milanesi che con i membri del Comitato Cremasco. Alla fine, quasi per incanto, il manoscritto venne finalmente ritrovato e reso al Bottesini. Qualcuno allora avanzò l'ipotesi che il manoscritto fosse stato trattenuto volutamente da qualche mediocre compositore per trarne motivo ed ispirazione per altra composizione. Ma l'ipotesi non trova conferma neppure nelle annotazioni dell'avv. Carniti che di Bottesini fu grande amico oltre che il primo, diligente biografo.

La mancata nomina

L'inquieto suo spirito, la nostalgia spesso affiorante di far rientro nella sua città natale dove pure contava molti amici, una difficile situazione finanziaria (i lauti guadagni della migliore stagione li aveva malamente sperperati in imprese sballate o con donazioni inconcepibili) fecero crescere in lui il desiderio, attorno al 1850, di ritirarsi con qualche incarico ancora legato al mondo musicale ma meno impegnativo e più tranquillo. Fu così che appunto nel 1850, alla morte di Stefano Pavesi, altro grande musicista cremasco, che aveva l'incarico di maestro di Cappella del Duomo di Crema, alcuni suoi amici influenti (e segnatamente il maestro Della Giovanna e il nob. Battista Monza) ritennero di proporre il Bottesini come degno successore del Pavesi, ed il Bottesini mostrò entusiasmo e scrisse la seguente lettera, da Parigi dove si trovava, al maestro Della Giovanna, datata 18 marzo 1857:

« Caro "Della", prima della carissima tua ricevetti altra del signor Battista Monza, al quale ho già risposto che accetto l'offerta di maestro di Cappella del Duomo di Crema e che se la intenda con mio padre. Ma questo non toglie che io ripeta a te la stessa cosa perchè — moltiplicatis amicis — la cosa avrà l'effetto che oltre ad essere onorifico è lucrativo. Io non ho parole, in verità per dirti quanto piacere mi ha recato una sì generale dimostrazione di benevolenza, di preferenza per avermi a maestro, aggiungendovi tanto d'interesse perchè questa carica non mi obbliga di soggiornare nel paese.

A parte gli allori che talvolta sono spinosi, a parte gli allori che, talvolta, non per mio demerito, ma per l'infamia di questo mondo, diventano fiaschi ecc., certamente che io sarò ben lieto di rivedere il mio natio paese, e con un cane ed uno schioppo andare a passare le mie ore a caccia, dilettarmi colla musica, e andare un poco a baracca cogli amici, tante volte che io immagino e che vorrei avere così. Salutami tua moglie e t'auguro un bel maschiotto degno successore degli Alberghi del Papa e del Pozzo.

Io sono laconico perchè ho troppe cose a fare, scrivimi però sempre che mi farai un sommo favore. Io ti risponderò se non molto, almeno poche parole di vera amicizia.

Ti mando un bacio e credimi sempre l'affez.mo tuo amico G. Bottesini »[5].

Purtroppo la cosa non ebbe seguito alcuno e a sostituire il Pavesi venne designato il giovane allievo di Mercadante al Conservatorio di Napoli, Giuseppe Benzi, anche lui, come noto, cremasco d'origine e altro genio musicale di casa nostra.

A rendere ancora più amaro questo periodo di vita del Bottesini, appunto deluso sommamente per la mancata nomina, s'aggiunse un aggravarsi della sua infezione al fegato.

E a toglierlo da questa situazione per alcuni versi perfino disperata provvide lo stesso Giuseppe Verdi che mantenne sempre rapporti di ottima amicizia con il Bottesini. Fu Verdi infatti a proporre al Ministero la nomina di Bottesini a direttore del Conservatorio Musicale di Parma,, nomina che venne decretata il 20 gennaio 1888 e che gli garantì oltre che un alloggio degno, anche un compenso annuo allora ritenuto più che sufficiente: 6 mila lire.

Direttore del R. Conservatorio di Parma

A quell'epoca il Regio Conservatorio di Parma era già assai rinomato nel mondo musicale e la presenza alla direzione di un musicista e compositore così noto ne crebbe ulteriormente il prestigio.

Bottesini venne in quell'epoca impegnato ripetutamente nella città che lo ospitava per tenere concerti e conversazioni nei circoli privati e pubblici. E benchè ancora più aggravatosi, benchè indisposto, accettò di dirigere nel gennaio del 1889, quindi a pochi mesi dalla sua morte, un concerto al Casinò di

---

[5] Lettera autografa conservata nel volume « Autografi Cremaschi » conservata presso la Biblioteca di Crema.

Lettura di Parma, concerto che ebbe ovviamente larghissimo e meritato successo.

Ne parla — a qualche mese di distanza, commemorando il Bottesini appena defunto — il giornale « Dal Serio » nel numero 281 del 13 luglio 1889 che peraltro riporta anche un singolare episodio. Ecco quanto scrive il citato periodico così come riportato dal più volte ricordato Carniti:

« Il concerto che il Bottesini diede qualche mese fa, al Casinò di Lettura, suggellò i trionfi dell'Artista e parve dargli il presentimento della prossima fine. Era una sera piovosa: il Bottesini, a cui s'era dimenticato di mandare una vettura e che si apparecchiava a far la strada a piedi, arrivò al Casino in un calesse che gli aveva procurato un amico. Salì, prese il suo vecchio compagno di gloria, il contrabasso famoso, e cominciò a dare la pece all'archetto: la pece gli si spezzò tra le mani.

— E così si spezzerà Bottesini — disse l'artista con quel sorriso a fior di labbra tra mesto e faceto. Strinse con la mano nervosa e potente l'istrumento e diede una di quelle arcate maestre e poderose che nessuno udrà più. Ma egli sentì, forse nella mano, forse nel suono, o nelle corde, qualche cosa di nuovo; non sentì quella risposta immediata e sicura che attendeva dal vecchio compagno glorioso. Guardò stupefatto l'arco e scosse la testa. Diede una seconda arcata; nuovo e più profondo stupore dell'artista. Egli stesso un momento silenzioso, guardando un'altra volta l'arco. Poi sorrise al solito e disse: « Non risponde più ».

L'istrumento e l'artista si intesero invece così bene che il pubblico andò in visibilio ».

Fu, quello al Casino di Lettura, l'ultimo concerto del Bottesini. Che dopo poche settimane fu costretto a rinchiudersi nella sua abitazione di Via Farini: la cirrosi epatica stava, infatti, distruggendolo definitivamente.

La morte ed il generale rimpianto

Nonostante le amorevoli cure dei medici e la affettuosa sollecitudine di professori ed allievi del Conservatorio, Bottesini entrò in coma il 4 luglio 1889 e spirò, senza aver più ripreso conoscenza, alle 9,30 del 7 luglio 1889. La notizia della sua scomparsa si diffuse in un baleno, lasciando sgomenti tutti. La Municipalità di Parma decretò solenni funerali pubblici, mentre da ogni parte giungevano testimonianze di autorevoli personalità del mondo culturale e politico.

I funerali ebbero luogo di mattino presto, alle 7,30 del giorno 10 luglio ed il corteo venne accompagnato dalla marcia funebre di Chopin eseguita dalla banda comunale di Parma, mentre dietro il feretro sfilavano tutte le maggiori personalità e le autorità di Parma e di Crema. La salma venne deposta nella Cappella del Conservatorio presso il Cimitero di Parma, a poca distanza da quella di Paganini.

Anche Crema volle rendere testimonianza a Bottesini con una solenne ufficiatura funebre a dieci giorni di distanza dalla morte, voluta dal maestro Samarani e dalla Fabbriceria del Duomo. Venne eseguita per l'occasione la « Messa da Requiem » a quattro voci con coro ed orchestra di Stefano Pavesi mentre all'offertorio venne eseguita una sinfonia dello stesso Bottesini.

Tutti i giornali dell'epoca riportarono in prima pagina non soltanto la biografia dello scomparso musicista cremasco ma anche dettagliate annotazioni critiche sulle sue composizioni e sulla sua valentia di direttore d'orchestra e di suonatore. Lo stesso Giuseppe Verdi inviò al Conservatorio il seguente telegramma: « La perdita dell'illustre artista è sciagura per l'arte ed io ne provo il più profondo dolore ».

A Parma, sulla facciata della casa di Via Farini dove il Bottesini dimorò durante la sua permanenza nella città padana, la Società Orchestrale fece murare una lapide con questa scritta:

IN QUESTA CASA
VISSE GLI ULTIMI ANNI DI SUA VITA
GIOVANNI BOTTESINI
CHE PARMA OSPITÒ ALTERA E FELICE
DIRETTORE DEL R. CONSERVATORIO DI MUSICA
LA SOCIETÀ ORCHESTRALE PARMENSE
CHE L'EBBE SUO PRIMO PRESIDENTE
A RICORDO POSE

Anche a Crema, già nello stesso anno della morte, si costituì un Comitato per erigere un monumento a Bottesini, comitato presieduto dal prof. Angelo Bacchetta. Si aprì una sottoscrizione e si diede incarico allo scultore cremasco Bassano Daniele di modellare un busto in marmo con le sembianze dell'artista. Lo scoprimento di questo busto e della sottostante lapide, in Piazza del Duomo, avvenne il 13 ottobre 1901.

Così ne riferisce l'avv. Antonio Carniti che tenne, per delega del Comitato, il discorso ufficiale: « Alle ore 2 ebbe luogo in municipio la formale consegna del monumento dal Comitato alla Città di Crema e della stessa venne redatto il relativo verbale col ministero del Notaio Meneghezzi. Alle ore tre, in presenza di numeroso pubblico, si procedette allo scoprimento del busto e della relativa lapide e, dopo brevi parole del prof. Angelo Bacchetta, seguì il discorso inaugurale, pronunciato dallo scrivente, a tale uopo delegato, col quale vennero ricordate le principali doti ed i solenni trionfi dell'illustre concittadino.

Successivamente si alternarono in piazza e davanti al monumento, numerosi concerti bandistici eseguiti dalla banda di Crema e dalla banda di Lodi, espressamente intervenuta coll'esimio suo Direttore maestro Balladori, che si fece ammirare e più volte applaudire.

Questa trionfale giornata ebbe il suo epilogo alla sera in teatro, ove si svolse, colla più viva ammirazione, un ragionevole e ben compilato programma, costituito quasi tutto di musica bottesiniana, e di una Elegia per grande orchestra, dedicata a Giovanni Bottesini e scritta per la circostanza dal distintissimo maestro cremasco Gnaga, che si rivelò, come lo è infatti, veramente dotto e valente.

Vennero eseguiti, prima una sinfonia giovanile del Bottesini e poscia il suo celebre quintetto per archi, un duetto dell'opera l'« Assedio di Firenze », la tanto lodata ed ammirata « Elegia » e « Tarantella » per contrabasso, il gran « duo » per violino e contrabasso essendone esecutori i professori Coggi (violino) Caimmi (contrabasso) e Mappelli (pianoforte) del Conservatorio di Milano.

Chiuse poi la indimenticabile serata il duetto finale del-

Il monumento a Bottesini voluto dai cremaschi.

l'opera « Ero e Leandro » eseguito a grande orchestra, con la partecipazione del soprano signorina F. Morini e del tenore G. Balzelli, sotto la valente direzione del maestro Serafin, che avendo appena ultimati gli studi al Conservatorio, esordiva lasciando sin d'allora presagire la di lui brillante carriera ».

La lapide sottostante al busto del Bottesini reca queste parole dettate dal conte Sforza Benvenuti:

A GIOVANNI BOTTESINI

CREMASCO

CONTRABASSISTA DI CELEBRITÀ MONDIALE

VALENTE COMPOSITORE DI MUSICA

CREMA

OVE L'ARTE MUSICALE EBBE

IN OGNI TEMPO CULTORI INSIGNI

QUESTO RICORDO POSE

Il piccolo ma dignitoso monumento a Bottesini venne rimosso dalla sede originaria nel 1958, in concomitanza con i lavori di restauro di Palazzo Comunale e trasferito all'interno del Centro Culturale S. Agostino. A Bottesini, inoltre, Crema — con una decisione del consiglio comunale del 12 settembre 1921 — dedicò una via.

BIBLIOGRAFIA

ANTONIO CARNITI: « *In memoria di Giovanni Bottesini* » - Crema 1921 - Biblioteca Comunale.

MARIO PEROLINI: « *Origini dei nomi delle strade di Crema* » - Crema 1976.

Si ringrazia sentitamente il dr. Carlo Piastrella, direttore della Biblioteca di Crema per aver cortesemente messo a disposizione materiale vario, fra cui alcune partiture di musica scritte dallo stesso Bottesini.